Kosmisch

Gabriela Rosenwald

Der Bauernhof

Leben und Arbeiten in der Landwirtschaft

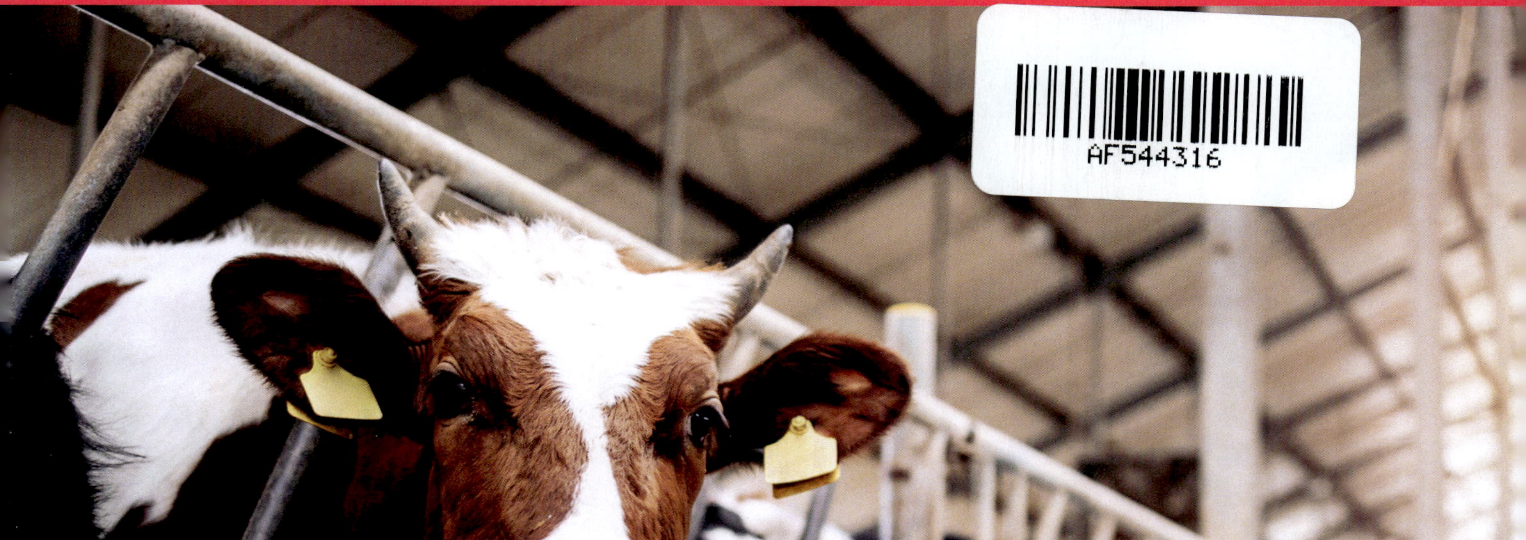

Kartei- & Legematerial

Lern- und Legematerial

Montessori-Reihe

www.kohlverlag.de

Der Bauernhof

1. Auflage 2022

Inhalt: Gabriela Rosenwald
Umschlagbild: © littlewolf1989 – AdobeStock.com
Redaktion: Kohl-Verlag
Grafik & Satz: Kohl-Verlag
Druck: farbo prepress GmbH, Köln

Bestell-Nr. 15 079

ISBN: 978-3-98558-857-2

Bildquellen © AdobeStock.com

S. 3: eric; **S. 5**: blueringmedia (3x), ddraw, brgfx (2x); **S. 6**: ddraw; **S. 7**: Rustic, littleartvector, macrovector, Anchalee, Alexander Pokusay, PrintEquipment; **S. 9**: myosotisrock, scusi, GraphicsRF, berkut_34; **S. 11**: artisticco, blueringmedia (2x), Natis (2x); **S. 13**: Natis, Oxana Kopyrina, Sonja Birkelbach, brgfx (2x); **S. 15**: oxilixo, Mario, bondvit, Image'in, Wolfgang Jargstorff, JOE LORENZ DESIGN; **S. 17**: Max Safanink, focus finder, Igor Zakowski, Lady-Luck, ksenica, oxilixo, Farmer; **S. 19**: blueringmedia, Everilda, Alanovsky, Bezvershenko, emuck; **S. 21**: tpzijl, Luis Carlos Jiménez, Jag-cz, Rund Morijn, Marek Gottschalk; **S. 23**: bazzier, Clara, JRP Studio, yo cannon, John Corry; **S. 25**: Karin Jähne, Africa Studio, a7880ss, Julia Sapic; **S. 27**: VAKSMANN, eric, JackF, curto, Visionsi; **S. 29**: Sergei, W PRODUCTION, Jack F, Kzenon; **S. 31**: Pagina a, Pagina Frühling; **S. 32**: Pagina a, WildGlass Photograph, sonne_fleckl, Pagina Frühling; **S. 33**: Pagina a, Pagina Winter; **S. 34**: Pagina Winter, Lars Johansson, Pagina a, Philip Stenry; **S. 35**: Budimir Jetvic, Nitr, tchara, barmalini, Aleksandr Lesik, Countrypixel; **S. 37**: Aleksandr Rybalko, zoteva 87, orstligetka, pavlobalinkh, ALEXSTUDIO, Countrypixel; **S. 39**: Engel 73, montcellllo, Phoxo, Guisepe Blasioli, Jack F, wildman; **S. 41**: Foto Sabine, operator1975, Dusan Kostic, darekb22, spuno, etfoto; **S. 44**: junej, Rido, TTstudio, darkfreya

Inhalt

Teil 1

Der Bauernhof und seine Bewohner

Teil 2

Der Jahreslauf in der Landwirtschaft

Vorwort

Nach dem Leitsatz der Pädagogin Maria Montessoris – Hilf mir, es selbst zu tun – entdecken die Kinder den Bauernhof. Tiere, Pflanzen, Geräte und die Bauersleute werden mit Bildern dargestellt und in einem kurzen Info-Text erläutert. Es gibt Kapitel über das Leben und die Arbeiten auf dem Hof, über Tierhaltung und landwirtschaftliche Maschinen, die den Bauern heute viel Arbeit abnehmen.
Ohne die Landwirte, ihre Höfe und ihre Arbeit hätten wir nichts zu essen. Sie liefern uns Getreide, Kartoffeln, Gemüse, Obst sowie Fleisch.

In einem 2. Teil ist die Landwirtschaft in Jahreslauf dargestellt. Hier erfahren die Kinder, was wann gesät und geerntet wird und was der Bauer sonst noch zu tun hat.

Viel Freude und Erfolg mit diesen Seiten wünschen der Kohl-Verlag und

Gabriela Rosenwald

Und so sieht es aus!

Teil 1 Teil 2

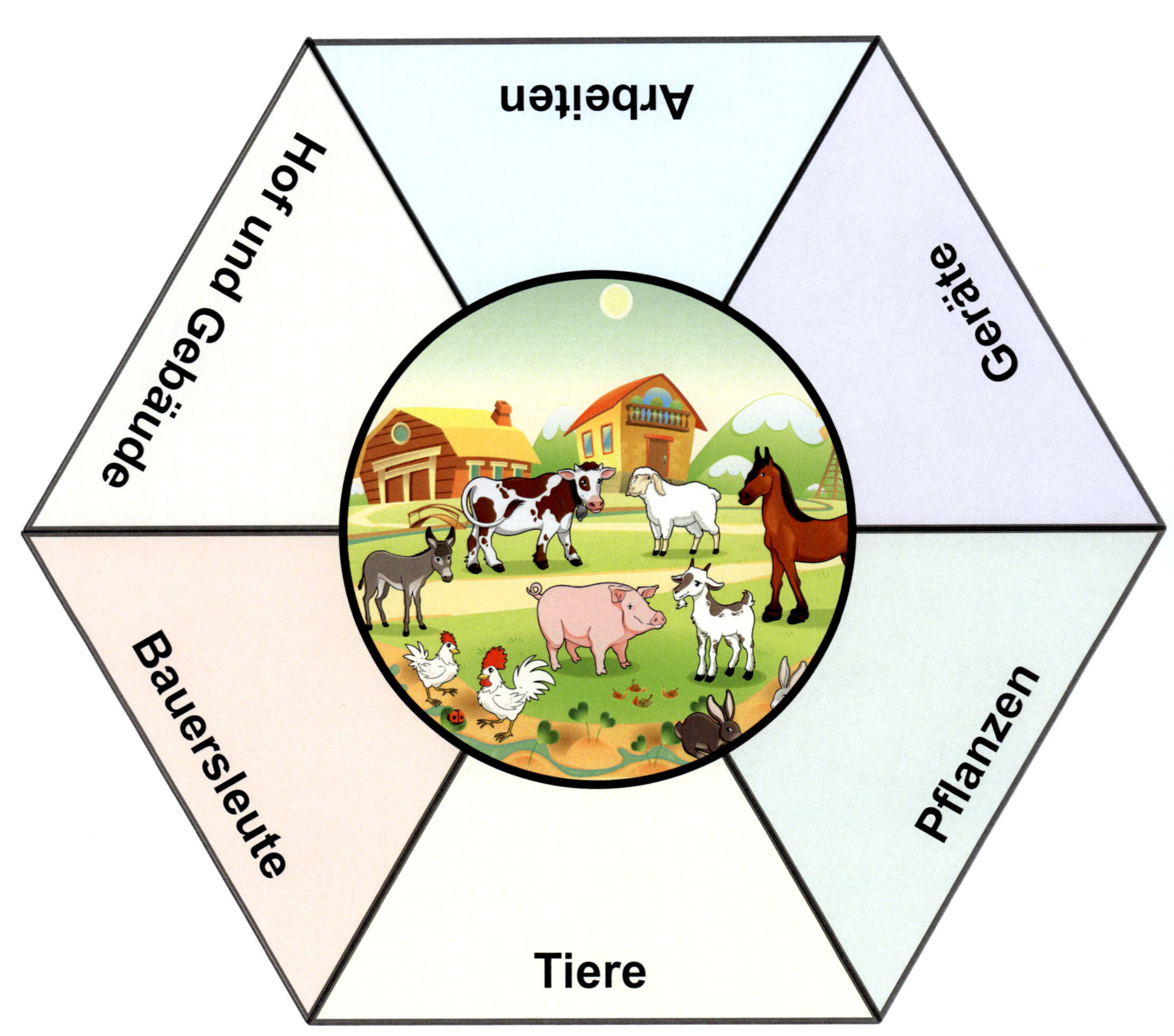

Arbeiten
Geräte
Pflanzen
Tiere
Bauersleute
Hof und Gebäude

KOHL VERLAG

Hof, Ställe, Felder und Wiesen gehören zu einem Bauernhof.

Die Felder liegen meist um den Bauernhof bzw. um das Haus verteilt, damit die Anfahrtswege für die Bewirtschafter nicht so weit sind.

Die Scheune

Ursprünglich dienten die Scheunen als Speicher-Gebäude für Heu oder Stroh und in der Nähe des Wohnhauses auch als überdachter Lager- und Arbeitsraum. Neben der klassischen Scheune, die sich in der Nähe des Bauernhofs befindet, gibt es auch Feldscheunen, die abgeschieden auf dem Gelände stehen. Scheunenviertel wiederum bestehen aus mehreren Scheunen.

Der Stall

Auch heute noch gibt es bei Nutztieren sowohl eine Weidehaltung als auch eine Stallhaltung. Bei den meisten Tierarten überwiegt in Deutschland und in anderen Industriestaaten die Stallhaltung. Im Stall leben Schweine, Kühe, Hühner und Puten. Stallgebäude sind heute meist Hallen mit einer Stallgasse und einem oder mehreren Ständen oder Boxen (Koben) für je ein oder mehrere Tiere.

Die Remise (der Schuppen)

Die Remise ist der Abstellraum fürFahrzeuge, Traktoren und Geräte. Sie gehört zu den Wirtschaftsgebäuden, wird aber auch als Lagerraum genutzt. Das Wort kommt vom frz. Verb „remettre“, wieder hinstellen. Die Remise liegt meist an der rückwärtigen Grundstücksgrenze.

Die Felder

Auf den Feldern werden z. B. Kartoffeln, Getreide, Mais, Rüben oder Kohl angebaut. Als Fruchtfolge wird im Ackerbau die Aufeinanderfolge verschiedener Pflanzen auf einem Feld bezeichnet. Hingegen findet bei der Einfeldwirtschaft bzw. Monokultur in einem Zeitraum über 5 Jahre kein Fruchtwechsel statt.

Wiesen und Weiden

Wiesen werden zur Gewinnung von (Winter-)Futter für das Nutzvieh durch Mahd und Weiterverarbeitung geerntet. Bei der Weidenutzung frisst das Vieh das Futter direkt. Es gibt auch Mischformen. Hier findet ein Wechsel von Weide und Wiesennutzung auf demselben Land statt. Ein- bis sechsmal jährlich kann geerntet werden. Das Gras wird frisch, siliert oder getrocknet genutzt.

Obstwiese

Die Streuobstwiese ist eine traditionelle Form des Obstbaus. Auf Streuobstwiesen stehen verstreute hochstämmige Obstbäume meist unterschiedlichen Alters und unterschiedlicher Arten und Sorten. Der moderne, intensive Obstanbau ist dagegen von niederstämmigen Obstsorten in Monokultur geprägt (Obstplantagen).

Das Bauernhaus

Im Bauernhaus wohnt die Familie des Bauern. Oft sind auch die Großeltern noch auf dem Hof zuhause.

Früher lebten hier auch Knechte und Mägde. Doch die „landwirtschaftlichen Helfer“, wie sie heute genannt werden, wohnen heute meist nicht mehr auf dem Hof.

Die Garage

Sie ist der Abstellplatz für das Auto, wenn es im Winter friert oder im Sommer heiß ist.

Auch Fahrräder oder Werkzeug finden hier oft Platz.

Die Arbeiten auf dem Bauernhof

Der Bauer und seine Familie müssen auch heute noch säen, ernten und sich um die Tiere kümmern. Doch durch die vielen Maschinen, die es mittlerweile gibt, und durch die Aufteilungen in verschiedene Landwirtschaften ist es weniger Arbeit geworden. Da aber auch weniger Menschen auf dem Bauernhof leben, ist es immer noch ein anstrengender Beruf.

Kühe melken

Kühe geben etwa 40 Liter Milch am Tag. Sie werden morgens und abends gemolken. So muss der Bauer auch sonntags oder Weihnachten arbeiten.
Früher wurde von Hand gemolken. Das dauerte pro Kuh etwa eine Viertelstunde. Heute übernehmen Melkmaschinen diese Arbeit. Die Milch fließt direkt in einen Tank in der Milchkammer. Dort wird sie gekühlt, bis die Molkerei sie abholt.

Tiere füttern

Früher wurden die Tiere von den Menschen gefüttert. Heu und Silage wurde mit Gabeln in den Trog geschaufelt, nachdem sie mit Schubkarren in den Stall gefahren wurde. Heute erledigt es meistens der Futterwagen oder das Futterband.

Säen

Früher säte der Bauer das Getreide mit der Hand. Heute macht das die Sämaschine. Sobald die Felder im März abgetrocknet sind, beginnt die Vorbereitung für die Aussaat der Sommerkulturen wie Sommergerste, Hafer, Zuckerrüben, Sonnenblumen, Erbsen und Ackerbohnen.

Ernten

Die Ernte ist das Einbringen der reifen, pflanzlichen Produkte. z. B. Obst, Gemüse, Kartoffeln, Getreide und Futterpflanzen. Bei der Ernte werden die Pflanzenteile, die eingelagert, weiterverarbeitet oder vermarktet werden sollen, von der Pflanze abgetrennt und vom Feld abtransportiert. Zur Ernte von Feldfrüchten und Futterpflanzen wie Heu ist man auf das passende Wetter angewiesen.

Hofladen geöffnet!

Getreideernte

Heute erfolgt die Getreideernte fast ausschließlich mit Mähdreschern. Diese mähen in einem Arbeitsgang das Getreide, dreschen es aus, reinigen das ausgedroschene Korn und legen das Stroh entweder als Schwade auf dem Feld ab oder häckseln und verteilen es gleichmäßig auf dem Feld.

Kartoffelernte

Die Kartoffelernte war früher eine mühselige Angelegenheit, bis man den ersten Kartoffelroderpflug entwickelte. Heute fährt der Kartoffelroder über das Feld. Er erntet die Kartoffeln und lässt das verdorrte Kraut gleich auf dem Acker liegen. In Deutschland werden fast 60 % der Kartoffelernte unmittelbar als Nahrungsmittel verwendet. Etwa 30 % der Kartoffelernte wird für die Herstellung von Stärke gebraucht.

Der Hofladen

Viele Bauern vermarkten ihre Produkte direkt am Hof. Sie haben einen Hofladen, der frisches Obst, Gemüse und Kartoffeln bietet. Oft gibt es auch Eier und Milch. Es gibt Hofläden, die ihre Produkte in Automaten anbieten, wo sie gekühlt werden. Andere Läden haben bestimmte Öffnungszeiten und eine/n Verkäufer/in. Wieder andere Bauern fahren mit dem Auto zu ihren Kunden. In vielen Städten finden regelmäßig Bauernmärkte statt.

Instandhaltung

Schließlich müssen auch Ställe und Zäune repariert werden. Das findet meist im Winter statt.

Geräte

Früher gab es einen Pflug, der von Ochsen oder Pferden gezogen wurde, dazu Hacke, Sense und Grabgabel. Heute erleichtern Traktoren, Sämaschinen, Kartoffelroder, Heuwender, Maishäcksler, Mähdrescher und viele weitere hochmoderne Maschinen den Landwirten ihre Arbeit.

Der Traktor

Vor über 100 Jahren wurden in Amerika die ersten Traktoren gebaut. Erst fuhren sie mit Dampf, wie die Eisenbahnen. Sie wurden immer weiter verbessert. Typisch sind die größeren Hinterräder. So konnte der Traktor nicht mehr so schnell nach hinten kippen. Er konnte seine Kraft auch an angehängte Maschinen weitergeben. In Europa kam der Traktor um 1950 zum Einsatz.

Sämaschine

Eine Sämaschine besitzt Schleppscharen. Die Schleppscharen sind kleine Pflugscharen, die den Boden aufpflügen. Durch das Aufpflügen der Erde entstehen kleine Furchen, in die das Saatgut automatisch von der Sämaschine in gewähltem Abstand und bestimmter Menge abgelegt wird.

Maishäcksler

Bei der Silomaisernte fahren Häcksler und Schlepper parallel über das Maisfeld. Die oberirdischen Pflanzenteile werden gehäckselt, siliert und als Futtermittel (Maissilage) in der Rinderhaltung oder als Biogassubstrat verwendet. Die Ernte wird auf den Hänger geblasen. Auf dem Hof wird die Ernte zwischengelagert.

Bei der Körnermaisernte übernimmt der Mähdrescher die Arbeit.

Mähdrescher

Mit ihm kann man in einem Arbeitsgang mähen, dreschen und das Stroh von den Körnern trennen. Früher kostete es 360 Stunden harter Arbeit, um einen Hektar Getreide zu mähen, zu Garben zu binden, die Ernte einzufahren und zu dreschen (also die Körner vom Stroh zu trennen).

Ein Mähdrescher erledigt das in weniger als zwei Stunden.

KOHL VERLAG Der Bauernhof – Bestell-Nr. 15 079

Die Ballenpresse

Die Ballenpresse dient dazu, anfallendes Heu, Stroh oder Grassilage zu Ballen zu pressen. So kann es platzsparend gelagert werden. Ballenpressen werden von einem Traktor gezogen. Heute werden meist Rund- oder Quaderballen gepresst.

Der Kartoffelroder

Vom Pflugschar gelangen die Kartoffeln auf eine Siebkette. Sie trennt bereits die Kartoffeln von der Erde und kleinen Steinen. Dann werden die Kartoffeln durch eine grobmaschige weitere Siebkette und/oder einer sogenannten Zupfwalze vom aufgenommenen Kartoffelkraut getrennt. Dann werden sie gereinigt und gelagert.

Sense, Hacke und Grabgabel

waren früher die Werkzeuge der Bauern, als es noch keine Traktoren gab. Mit der Sense wurde das Getreide geschnitten und dann in sogenannten Garben aufgestellt zum Trocknen.

Mit der Hacke wurden der Boden um die Kartoffeln und Rüben aufgelockert. (Hackfrüchte).

Mit der Grabgabel wurden die Kartoffeln geerntet.

So zog der Bauer früher mit seinem Pferd oder Ochsen über das Feld um zu pflügen.

Oats
Wheat
Rye
Barley

Pflanzen

Auf den Feldern werden viele Gemüsearten angebaut. Die flächenmäßig wichtigste Kultur ist Spargel.

Es werden auch Salate, Möhren, Zwiebeln, Zucchini, Blumenkohl und Fruchtgemüse wie Tomaten, Paprika und Gurken gezüchtet. Letztere wachsen auch in Gewächshäusern.

Ein Gemüsebauer beschäftigt in der Saison viele Erntehelferinnen und -helfer, um die Arbeit überhaupt zu bewältigen.

Kartoffeln

Früher reichte zum Anbau eine einfache Hacke oder Grabgabel, um das Pflanzloch zu graben, die Pflanzen anzuhäufen und später auch zu ernten. Daher wird die Kartoffel oft auch als Hackfrucht bezeichnet. Heute gibt es Setzmaschinen und Kartoffelroder, die in einem Arbeitsgang die Knollen sammeln und das Kraut auf das Feld zurückwerfen. Dann füllt eine Sortiermaschine die Kartoffeln in Säcke.

Getreide

Im Sommer wird das Getreide reif. Aus Weizen macht man Nudeln, Brötchen und Brot. Auch Roggenbrot und Roggenbrötchen mögen wir. Aus Hafer entstehen Haferflocken und Müsli, aus Gerste Graupen und Bier.

Beim Getreide kommen Ähren, Rispen und Kolben als Blütenstände vor. Weizen, Roggen und Gerste haben Ähren. Hafer bildet Rispen, Mais hat Kolben.

Kohl

Kohlsorten gibt es viele. Doch bei uns auf den Feldern wachsen meist Rot- und Weißkohl oder Wirsing. Ab Ende März/Anfang April beginnen die Bauern mit der Aussaat. Die meisten Kohlbauern ziehen ihre Kulturen aus Samen in einem geschützten Innenraum. Dann pflanzen sie die jungen Setzlinge auf ein fruchtbares, gut gepflügtes und unkrautfreies Feld.

Mais

Maiskörner wachsen an einem Kolben. Bis die Körner reif sind, ist der Kolben von Blättern umhüllt. Die Maispflanze wird 1½ bis 2½ Meter hoch. Mais wird Ende April oder Anfang Mai gesät. Am besten gedeiht er, wenn es schön warm ist. Mais, der bei uns wächst, wird vorwiegend als Tierfutter verwendet. Aus Mais wird auch Wärme und Energie gewonnen in Biogasanlagen.

Raps

Aus den Samen des goldgelb blühenden Rapses wird Öl gewonnen. Speiseöl und Industrieprodukte werden hergestellt. Seit den 1990er Jahren ist Raps nach Soja weltweit die wichtigste Ölsaat.

In Mitteleuropa wird überwiegend Winterraps angebaut. Die Aussaat erfolgt im Herbst, die Ernte im darauf folgenden Frühsommer.

Rüben

Rüben werden im Frühjahr gesät. Dazu benutzt der Bauer eine Sämaschine. Der Rübenroder erntet die Rüben. Gleichzeitig zieht sie die Rüben aus der Erde und sammelt sie ein. Die Blätter werden als Viehfutter verwendet. Es gibt Futterrüben und Zuckerrüben. Aus 1 kg Zuckerrüben gewinnt man heute etwa 200 g Zucker. Rinder und Schafe mögen Rüben auch gerne.

Obst

Während der Saison ist der Obstbauer Tag für Tag in den Obstanlagen unterwegs, kontrolliert die Früchte auf Schädlinge und das Fruchtwachstum. Bei Bedarf werden Pflanzenschutzmaßnahmen durchgeführt, um ein Ausbreiten von Krankheiten wie beispielsweise Mehltau oder Schorf zu verhindern. Schließlich ernten sie das Obst zum Teil von Hand, zum Teil maschinell und sorgen für die sachgerechte Reinigung, Sortierung und Einlagerung. Teilweise verarbeiten sie das Obst weiter, z. B. zu Fruchtsäften, Most, Marmeladen oder Sirup.

Spargel

Der richtige Zeitpunkt, um Spargel zu pflanzen, ist von April bis zum 24. Juni. Die erste Spargelernte gibt es nach drei Jahren.

Die Tiere auf dem Bauernhof

Bauernhöfe mit Viehzucht haben in der konventionellen Landwirtschaft nicht immer große Ställe und Gehege, in denen die Kühe, Schweine oder Hennen aufgezogen werden.

In der ökologischen (Bio-)Landwirtschaft ist die Zahl der Tiere, die auf einer bestimmten Fläche leben, gesetzlich begrenzt. Die Tiere haben mehr Platz. Zudem bekommen Tiere anderes, ökologisch hergestelltes Futter. Dadurch sind Bio-Lebensmittel meist teurer als solche, die aus der herkömmlichen Landwirtschaft stammen.

Schweine

Schweine wiegen etwa 100 kg. Sie sind Allesfresser. Doch oft bekommen sie nur Mastfutter.

Eine Zeitlang wurden die Tiere sehr schlecht gehalten. Die Ställe waren sehr eng. Heute bekommen die Tiere teilweise wieder mehr Platz im Stall.

Einige dürfen auch hinaus auf die Weide, wo sie sich im Schlamm wälzen (suhlen) können.

Rinder

Der Bulle oder Stier, die Kuh und das Kalb gehören zur Familie Rind. Rinder sind Wiederkäuer. Sie fressen Gras, Heu oder Rübenschnitze. Das wird im Vormagen gesammelt. Dann legen sie sich gemütlich zur Ruhe. Das Futter wird ins Maul zurückgeholt. Mit den kräftigen Zähnen wird es zu einem feinem Brei zerrieben.

Schafe

Schafe fressen jedes Gras und Kraut. Heu, Getreide und Rüben mögen sie auch gerne. Im Frühjahr bringt das Schaf ein bis drei Lämmer zur Welt. Das Wollschaf liefert uns jedes Jahr über drei Kilogramm Wolle. Daraus kann man etwa drei Pullover stricken! Das Milchschaf gibt uns Milch. Daraus wird Schafskäse gemacht. Fleischschafe werden wegen ihres Fleisches gezüchtet.

Pferde

Früher gab es auf vielen Bauernhöfen Pferde. Sie wurden zur Feldarbeit eingesetzt. Sie zogen den Pflug, den Heuwagen und vieles mehr. Heute macht der Bauer diese Arbeiten mit dem Traktor.

Pferde fressen Gras, Heu, Hafer, Stroh und Rübenschnitzel. Auch Möhren oder Äpfel mögen sie gerne. Nach 11 Monaten kommt ein Fohlen auf die Welt.

Hund, Katze, Maus

Fast jeder Bauernhof hat einen Hofhund. Der Hund bewacht das Anwesen und bellt, wenn sich Fremde nähern. Früher lagen diese Hunde oft an einer Kette, heute dürfen sie frei umherlaufen. Auch Katzen gibt es auf jedem Hof.
Sie fressen die Mäuse, damit diese nicht größeren Schaden in Getreidelagern anrichten.

Die Ziege

Ziegen leben gerne draußen. Sie brauchen aber einen trockenen Stall. Sie können prima klettern und leben in einer Herde. Sie fressen gerne Gras, Laub, Klee, Rüben, Möhren, Kartoffeln und Mais. Dazu mögen sie auch Obst und Heu. Ziegen sind Wiederkäuer. Nach 5 Monaten bringt die Geiß ein oder zwei Zicklein zur Welt. Ziegen geben um die 1000 Liter Milch im Jahr. Daraus macht man Ziegenkäse.

Das Geflügel

Eine Henne legt jede Woche 4-5 Eier. Eier kann man kochen, braten, aber auch einen leckeren Kuchen damit backen. Aber nicht nur die Eier, auch das Fleisch ist bei den Menschen sehr beliebt.
Puten werden vor allem wegen ihres Fleisches gehalten. Truthähne können 10-20 kg wiegen. Sie fressen Samen, Pflanzen, Insekten und Würmer. Sie leben meist in Massentierhaltung. Dort gibt es nur Mastfutter und keinen Platz zum Scharren.

Gänse und Enten sind Wasservögel. Sie leben im und am Wasser und liefern uns Fleisch, Eier, Federn und Daunen.

Kaninchen

Die wichtigste Nahrung für Kaninchen sind Heu, Gräser und Kräuter. Sie mögen auch Gemüseabfälle wie Salatreste und Kohl gerne.

KOHL VERLAG

Bauersleute – Landwirte

Bei der Ackerwirtschaft wird Korn gesät, gemäht, gedroschen und verkauft. Viele Landwirte bauen auch Kartoffeln, Gemüse, Obst oder Rüben an.

Bei der Viehwirtschaft sorgt man entweder für die Zucht der Tiere oder man mästet sie für den Fleischbedarf.

Geflügelzüchter

Als Geflügel werden Hühner, Enten, Gänse und Puten gezüchtet. Legebetriebe sorgen für die Eier, die wir essen. In anderen Höfen werden die Tiere gemästet. Besonders bei den Hühnern sieht man heute wieder öfters eine artgerechte Haltung, wo die Tiere scharren oder ein Sandbad nehmen können.

Obstbauern

Obst wird heute meist nicht mehr auf Obstwiesen gezüchtet, sondern in Spalieren.

Diese für den Einsatz von Erntemaschinen ausgelegte Anbauweise ermöglicht es, durch die Reihen des platzsparenden Spalierobstes (eine Art Formobst) zu fahren. Man muss nicht mehr von Hand ernten.

Rinderzucht und Milchwirtschaft

Es dauert neun Monate, bis die Kuh ein Kalb bekommt. Erst danach gibt sie Milch.
Rinder sind Wiederkäuer. Sie fressen Gras, Heu oder Rübenschnitze.
Es gibt die Milchwirtschaft für Käse, Joghurt und Butter. Dazu kommt die Rinderzucht, damit wir Fleisch essen können.

Schweinezüchter

Unsere Hausschweine stammen von den Wildschweinen ab. Es gibt Schweinemast und Schweinezucht. Der Schweinemäster zieht die Tiere groß und verkauft sie dann an den Schlachthof. Die Schweinezüchter sorgen dafür, dass die Ferkel auf die Welt kommen. Zweimal im Jahr wirft die Sau 6-8 Junge.

Weinbauern oder Winzer

Die Weinbauern oder Winzer sind Fachleute für den Wein, vom Anbau der Trauben bis zur Vermarktung. Zunächst bearbeiten sie den Boden des Weinberges, dann setzen sie Jungpflanzen, beschneiden Weinstöcke und bekämpfen Schädlinge. Reife Trauben lesen sie von Hand oder mit Maschinen.

Wald- und Forstwirtschaft

Neben der Landwirtschaft gibt es auch noch die Forstwirtschaft, wo das Holz des Waldes genutzt wird und die Tiere betreut werden. Der Waldbauer muss die Bäume aussuchen, die gefällt werden, neue Bäume pflanzen und im Winter die Rehe und Hirsche bei Bedarf füttern.

Die Kartoffelbauern

Sie setzen im Frühjahr die Kartoffeln, spritzen sie gegen Ungeziefer, düngen sie und ernten Frühkartoffeln Ende Juni und Lagerkartoffeln Ende August bis Oktober. Lagerkartoffeln sind reif, wenn das Kraut verdorrt und abgestorben ist.

Kartoffelbauern verfügen meist über große Hallen, die die richtige Temperatur und Feuchtigkeit haben müssen, damit die Kartoffeln sich über den Winter halten und nicht frühzeitig beginnen, auszukeimen.

Gemüsebauern

Die kleineren und mittleren Erzeuger liefern an Genossenschaften oder vertreiben ihre Produkte direkt im Hofladen oder auf dem Wochenmarkt.

Frühling
Sobald die Felder im März abgetrocknet sind, beginnt die Vorbereitung für die Aussaat der Sommerkulturen wie Sommergerste, Hafer, Zuckerrüben, Sonnenblumen, Erbsen und Ackerbohnen. Im April folgen Rüben und Kartoffeln und schließlich der Mais. Für die Winterkulturen, die schon im vergangenen Herbst gesät wurden, geht jetzt das Wachstum weiter.
Sommer
Der Sommer ist für die Bauern die arbeitsreichste Zeit des Jahres. Jetzt steht die Ernte vor der Tür. Geerntet wird nicht nach Kalender, sondern nach dem Reifezustand von Gemüse, Obst, Kartoffeln und Getreide. Und der hängt von vielen Dingen ab, allen voran Temperaturen, Sonnenstunden und Niederschlägen.

Winter

Es gibt in Haus und Hof immer noch allerhand zu tun. So stehen jetzt die Wartung und Pflege der Maschinen an. Nun ist Zeit, alles auf Vordermann zu bringen, denn: Das nächste Frühjahr kommt bestimmt. Auch Bürotätigkeiten müssen und können jetzt erledigt werden. Und nicht zuletzt: Die Tiere im Stall verlangen im Winter wie im Sommer die Zuwendung des Bauern.

Herbst

Es ist die Zeit, in der ein großer Teil der Ernte eingefahren und weiterverarbeitet oder für den Winter eingelagert wird. Mais, Äpfel und Birnen sind nun reif. Dazu kommen Kürbisse, Kohlsorten und die ersten Herbst-/Wintersalate. Gleichzeitig werden die Silos mit Winterfutter für das Vieh gefüllt. Dann werden die Wintersaaten wie Roggen und Winterweizen ausgesät.

Die Pflanzen, die schon im Herbst gesät wurden, wie das Wintergetreide und der Raps, brauchen jetzt Nährstoffe und müssen gedüngt werden, ebenso das Grünland. Dabei orientiert sich der Landwirt an den Ergebnissen seiner Bodenproben. Bei organischen Düngern wie Gülle, Mist oder Substraten aus Biogasanlagen geht es natürlich nicht ganz ohne Gerüche.

Das Sommergetreide wie Hafer, Sommerweizen oder Sommergerste werden gesät. Sommergetreide wird im Frühjahr gesät und bereits im Sommer wieder geerntet. Hingegen wird Wintergetreide im Herbst gesät und im darauffolgenden Sommer geerntet. Ist der Boden warm, gut abgetrocknet und hat ca. 8-10 °C erreicht, Mitte April bis Mitte Mai, wird der Mais gesät.

Die Spargelsaison, die je nach Wetter bereits um Ostern beginnen kann und spätestens am 24. Juni endet, ist einer der Höhepunkte des Frühjahrs. Außerdem ist es jetzt an der Zeit, die Felder mit Kartoffeln zu bepflanzen.

Die Äcker für die anderen Ackerfrüchte wie Kartoffeln, Zuckerrüben oder Mais werden vorbereitet.
Wiesen und Weiden werden geschleppt. Mit Wiesenschleppen, die von Treckern gezogen werden, werden Erdhaufen, die Maulwürfe und Wühlmäuse aufgeworfen haben, gerade gezogen und weitere Unebenheiten beseitigt.

Von Mai bis Juni streut der Bauer im Getreide und im Raps je nach Wetter regelmäßig Dünger.
Er behandelt die Flächen mit Pflanzenschutzmitteln und Insektiziden, damit die Pflanzen gesund wachsen können.
Insgesamt werden die Felder bis zur Ernte etwa drei bis vier Mal gedüngt und gespritzt.

Die Saat von Leguminosen wie Ackerbohnen und Erbsen sowie des Sommergetreides und das Herrichten der Weiden sind die aktuellen Arbeiten. Dann muss der Landwirt regelmäßig seine Felder kontrollieren. Er achtet dabei besonders auf das Wachstum sowie Krankheiten, Schädlingsbefall und Unkräuter.

Bei der Weizenernte muss der Landwirt vor allem den Feuchtigkeitsgehalt beim Dreschen beachten. Dieser sollte für Getreide maximal 16 % und für Raps 10 % betragen. Ansonsten müssen Weizen, Gerste und Raps noch getrocknet werden, was aufwändig und teuer ist.

In der ersten Julihälfte beginnt die Getreideernte. Ist das Wetter warm und trocken, stehen die Mähdrescher fast nie still. Ist das Getreide trocken genug, um mit der Ernte zu beginnen? Ist es zu feucht, muss es getrocknet werden. Sonst würde es im Lager verderben. Am ersten ist die Gerste reif, dann folgt der Weizen.

Auch die Stroh- und Heuernte finden am besten bei warmem, trockenem Wetter statt. Heu oder Stroh werden zu runden oder rechteckigen Ballen gepresst. Manchmal werden sie auch in Folie eingeschweißt. Heu dient als Futter für die Tiere und Stroh wird meistens als Einstreu für den Stall genutzt.

Auf den abgeernteten Feldern werden Zwischenfrüchte ausgesät, die später als Futter für die Tiere dienen oder zur Gründüngung (Leguminosen, Sonnenblumen und Gräser) in den Boden eingearbeitet werden. Leguminosen binden an ihrem Wurzelwerk den Stickstoff aus der Luft, wodurch eine Zufuhr von Stickstoffdüngern entfällt.

Je nach Sorte werden die Kartoffeln vom Sommer bis in den Herbst geerntet. Als Frühkartoffeln bezeichnet man Kartoffeln, die nur 3 bis 4 Monaten wachsen. Die Kartoffeln reifen sonst 120 bis 160 Tage. Frühkartoffeln werden in Deutschland zwischen Juni und Juli geerntet. Die Ernte der Spätkartoffeln, die aufgrund ihrer festen Schalen gut eingelagert werden können, findet im September bis Oktober statt.

Andere Gemüsepflanzen wie Salate, Wurzelgemüse, Kohlsorten, Tomaten, Gurken, Zucchini, Kürbis oder Bohnen werden den ganzen Sommer über bis in den Herbst hinein geerntet. Sie sind bei aller Sonnenliebe aber durstig und müssen bewässert werden.

Jetzt kann man so richtig aus dem Vollen schöpfen – vorausgesetzt, das Wetter hat mitgespielt und die Ernte ist gut. In früheren Zeiten waren die Bauern noch stärker als heute dem Wetter ausgeliefert. Heute sorgen Züchtungen für eine stärkere Resistenz gegenüber Dürre oder zu viel Regen. Bewässerungsanlagen oder Schutzvorrichtungen gegen Frost wehren größere Schäden ab.

Die Ernte der Spätkartoffeln und der Rüben beginnt. Dabei kommen der Kartoffelroder und der Rübenroder zum Einsatz. Wann genau Kartoffeln und Rüben geerntet werden, entscheiden ihre Größe und das Wetter. Manchmal bleiben sie auch noch etwas länger in der Erde, damit sie noch weiter wachsen können.

Zu dieser Jahreszeit sind am Bauernhof noch die Maisfelder zu ernten. Während Mais in vielen weniger entwickelten Ländern ein wichtiges Nahrungsmittel ist, dient die Pflanze in Deutschland nahezu ausschließlich als Tierfutter oder für die Erzeugung von Strom in Biogasanlagen. Etwa 85 Prozent werden als sogenannter Silomais geerntet.

Die meisten Getreidearten wie Wintergerste, Roggen und Winterweizen werden im Herbst ausgesät. Im September werden die abgeernteten Flächen vorbereitet, um Weizen und Gerste auszusäen. Der Winterraps muss bereits Anfang September in den Boden, um vor dem Winter genügend Blätter auszubilden.

Auf den Wiesen werden die letzten Schnitte durchgeführt. Die Vegetation neigt sich langsam, aber sicher immer mehr in Richtung Winterschlaf und die letzten Äcker und deren Ernterückstände werden umgepflügt.

Die Hauptzeit der Weinlese, auch Traubenernte genannt, beginnt ungefähr Mitte September und kann sich bis Anfang November ziehen. Traditionell wird die Weinlese manuell vorgenommen, wobei man die reife Traube mit der Hand abschneidet. Bei der modernen Lese werden auch sogenannte Vollernter eingesetzt.

Der Bauer legt für jedes Feld eine sogenannte Fruchtfolge fest, also welche Früchte sie in welcher Reihenfolge in den nächsten Jahren anbauen. Denn nur ein Wechsel der Früchte bringt nachhaltige Erträge, sonst drohen Probleme mit Krankheiten, Schädlingen und Unkräutern.

Vor dem Jahreswechsel gibt es noch einige Büroarbeiten, die erledigt werden müssen. Der Bauer notiert z. B., mit welcher Fruchtart er einen Acker bestellt hat, wann und womit er gedüngt hat und welche Pflanzenschutzmittel angewendet wurden.

Frost ist gut für den Ackerboden, denn er sorgt dafür, dass sich das Wasser im Boden ausdehnt und so die Erde aufgelockert wird. Das nennt der Bauer Frostgare. Außerdem führt die Kälte dazu, dass die zum Schutz des Bodens eingepflanzten Zwischenfrüchte, die nicht geerntet werden, vollständig abfrieren.

Sie müssen neben Kenntnissen im Pflanzenbau und der Bodenkunde auch technisches Verständnis mitbringen, um ihre Maschinen warten und eventuell selbst reparieren zu können. Diese Arbeiten werden vor allem in den Wintermonaten erledigt, wenn auf den Feldern wenig zu tun ist.

Vor der Aussaat oder dem Pflanzen steht immer die Bearbeitung des Bodens. Bei der Bodenbearbeitung wird der Boden gelockert, Pflanzenreste werden eingearbeitet, damit sie von den Bodenlebewesen wie den Regenwürmern in wertvollen Humus umgewandelt werden können.

Schnee ist bei den Bauern vor allem gerne gesehen, weil er die im September und Oktober gesäten Wintersaaten, wie zum Beispiel Winterweizen und Winterroggen, vor dem Erfrieren schützt. Denn Schnee ist ein schlechter Wärmeleiter. Die Schneeschicht verhindert, dass die Wärme aus tieferen Erdschichten nach oben gelangt.